LO QUE QUEDA CUANDO TE VAS

LO QUE QUEDA CUANDO TE VAS

Laura Leonelli

Valparaíso
EDICIONES

VALPARAÍSO POESÍA

Diseño de interior, portada y maquetación: Chari Nogales
www.charinogales.com @chari_nogales

Primera edición: octubre de 2025

© De los poemas: Laura Leonelli

© Valparaíso Ediciones
C/ Fray Leopoldo, 7 bajo, 18014 Granada
www.valparaisoediciones.es

ISBN: 979-13-87538-68-2
Depósito Legal: GR 1204-2025

Impreso en España - *Printed in Spain*
Gráficas Gami

A dos hombres: Jack y mi padre.
Y a todas las mujeres del mundo.

CAPÍTULO 1

LO QUE ME DEJASTE

CARTA A QUIEN SE HA IDO:

Te has ido y todo ha cambiado, todo menos lo tuyo, que ahora es nada. Todo menos tú, porque ya no estás, aunque ya hace tiempo que no estabas. No cambia tu olor, ni tu mirada, ni tu canción favorita. No cambia la calle por la que andabas, ni tu café de especialidad con leche templada, ni tu cruasán de pistacho a las ocho de la mañana. Ya no estás pero sí todo lo tuyo. Tus manías, tus vicios, los armarios abiertos y las persianas bajadas. Tus hobbies y tus gustos y yo leyendo a Graham Greene y tú sobreviviendo entre sus páginas. Ya no estás pero sí todo lo tuyo. Escucho tu música y veo tus películas. A veces me gusta y otras me asusta que me persigas desde donde estás, sí, sé que te fuiste… pero no te has ido del todo. Voy separando lo malo de lo bueno y pongo lo primero en cajas y las envío y las olvido. Lo segundo lo reciclo, lo escribo y lo comparto. Necesito vaciarme de ti hasta que ya no me peses, hasta que no puedas romperme, quiero que me atravieses como el viento y no como un puñal, quiero poder pensar en ti sin asociarte a un final. Porque aunque me dueles, te lo mereces. Y aunque puedo ser un poco mala, sabes que también puedo ser buena a veces.

Te odio porque me has arruinado
y ni siquiera lo sabes.
Te odio porque te he necesitado.
Te odio por querer acercarte,
y dejarme llevar.
Me odio por seguirte el juego.
Nos odio porque nunca
seremos capaces de admitirlo.
Seguiremos bebiendo del olvido
como fuente de lo platónico.
No sé qué nos hemos hecho,
tampoco sé cómo,
pero espero que estés dónde estés
no me odies tanto como yo a ti,
porque no podría soportarlo.

Lo peor es que ni siquiera sabes
que sigo pensando en ti.
Lo peor es que es fácil darse cuenta.
Si no lo sabes es porque no quieres.
Lo peor es que aún sigo perdonándote,
pensando que estás por otras cosas.
Pero han pasado años
y no sé qué otras 365 cosas
podrían ser más importantes que yo.
También pienso que quizá estés intentando olvidarme.
Y no me gustaría que lo hicieses.
Quisiera detenerte.
Pero no sé ni dónde estás,
ni dónde duermes, ni con quién.
Bueno... sé que no es conmigo.
Y eso es lo peor.

Eres vuelo transatlántico,
eres las diez de la mañana
y las tres de la madrugada,
acción y descanso, vigilia y sueño,
todo en el mismo lugar y al mismo tiempo.

No sé si es la canción que estoy escuchando
o el sonido del océano,
las olas que rompen contra las rocas...
Siento nostalgia.
Creo que ambos sonidos son tristes,
porque esta canción me la enviaste
hace ya mucho tiempo.

Lo que tenemos es bonito porque es un casi.
La ola lo intenta constantemente,
y lleva milenios intentándolo,
tiene esperanza, supongo.
Y aunque no la tenga,
lo da todo por esos pocos segundos
en los que roza la roca.

Toda su vida se resume en esos dos segundos.
Y ha sido una vida plena.
Ha sido una vida bella.
Y creo que somos así.
Apreciamos lo que es efímero porque es único.
Y queremos ser únicos.
De hecho, lo somos.

Creo que vives entre mis pestañas,
porque cada vez que parpadeo estás ahí.

Tus cartas ya no me llegan porque están escritas para alguien que ya no soy yo.

(O al menos espero que sea por eso y no porque para ti no valgo ni el precio de un sello).

¿Sabes que aún guardo una foto de tus manos?
Elegantes sobre tu regazo,
la derecha aguantando una copa de vino blanco.
Con la camisa arremangada hasta mitad del antebrazo.
Y la miro y recuerdo esos mismos brazos
tensados alrededor de mi cintura.
Con tus manos en mis curvas,
que no son de guitarra o de madera,
sino de cadera,
dibujabas mi figura a oscuras con tu tacto.
Me acariciabas con la delicadeza de un principiante
con su primer instrumento.
Y también recuerdo la suavidad de tu piel dorada,
tu piel vivida en mi cama huida.

Pagué por el rescate entre mis sábanas
¿qué digo? hacía demasiado calor.
Sin sábanas ni mantas
pero con muchas muchas ganas.
Y un ventilador viejo que escondía el secreto
de nuestras respiraciones agitadas.
No quise ser tuya,
o tú no quisiste que lo fuera del todo.
Así siempre nos quedará la certeza
de que si quisiéramos,

podríamos serlo todo el uno para el otro,
pero de momento eso solo existe en el aire,
y lo respiramos para no morir.

Eres caramelo a medio derretir
en mi boca,
eres la lengua que me lo roba.

¿Me acordaré de ti de aquí a 10 años?
Quizás cuando suene esa canción,
o cuando mencionen el nombre de esa ciudad.
Veré tus ojos grises en su mirada y me preguntaré
qué hubiese sido de mí si él hubieses sido tú.
Y cuando cierre los ojos hablaremos de ello, como cada noche.
Me acordaré de ti de aquí a 10 años.

Y ahora que te has ido
qué hago con todas tus cosas
las mariposas muertas en el estómago
los poemas sin acabar
las lágrimas derramadas
toda la tinta malgastada
en tantas hojas en blanco
y tus cartas
y tus llamadas
y todo lo que nos quedó sin hacer
… y ahora que te has ido,
¿qué hago? ¿Me olvido?
No quiero, porque si lo hago convertiré
nuestro amor en tiempo perdido
y quiero que sepas que nunca lo fue.
Eres lo mejor que me ha pasado.
Gracias por haber estado a mi lado.

Quizás no importa que ya no estés,
porque en cada verso,
en cada coma de esta prosa,
vives eternamente.

Es jueves y aún no sé a qué hueles...
Quizás me has pillado en algún momento,
mi nariz pegada a tu piel,
como abejas a la miel.
(y no porque seas especialmente dulce...)
Pero ya es jueves...
Y hueles a mar, a domingo por la mañana,
y , a veces, a hogar.
¿Te da miedo? A mí sí.
Hueles a bosque y a misterio.
Siempre tan serio.
¿Y si te digo que me gusta hacerte reír?
Aunque me sienta un poco tonta.
Aunque me sienta niña...
También hueles a excursión,
a largo camino por el campo,
a lavanda y a romero,
quizás por ser viajero.
El diciembre a mi enero,
tan lejano, pero cerca,
tan humano.
Y sí, también hueles a verano.
(No sé si a todos o solo a uno en concreto).

Tus ojos son mágicos,
trágicos,
son enigmáticos.
su chocolate se derrite
hasta rozar mis labios.
su amargura se consolida
en mis entrañas,
ya no somos dos almas extrañas.
Mi tinta perdida no consigue plasmarte,
y aun así, inefable,
sigues siendo arte.

Te juro que intento no pensar en ti,
pero cuando hace frío
recuerdo tu pecho sobre el mío.
Y cuando hace calor,
recuerdo tu beso de cerveza
en copa congelada.
Cuando no puedo dormir,
recuerdo tu silueta de marfil en el amanecer de madrugada,
y cuando tengo mucho sueño recuerdo tu voz cansada,
rasgando la guitarra,
mirándome,
tu sentado en el borde de la cama,
y yo tumbada.
Juro que intento no pensar en ti,
pero los recuerdos que me has regalado
son mis favoritos.
Me cuesta mentir y decir que te he olvidado,
que no te necesito.
Cuando en realidad daría lo que fuera
por estar a tu lado.
Tú recorres el mundo regalando recuerdos
a chicas enamoradas de la vida,
(en una misión suicida
por vivirlo todo y vivirlo bien)
Yo a cambio te escribo este poema.

Duele pero cura,
me enseñaste a creer en el amor
y en la dulzura,
Lástima que acabase tan pronto.
Te acabaste tú.
Pero no tu sentimiento, de vivir y amar lento,
juro que lo llevo dentro y con orgullo.
Gracias, este poema es tuyo.

Escríbeme como aquella vez,
déjame apreciar la desnudez de tus palabras,
de tus bromas,
de tus silencios,
—que son lo más duro—,
tu silencio tímido y mi interés puro.

Eres un casi,
Un casi muy casi,
porque casi me desgarras,
casi me desgastas,
casi me haces acabar
este poema, pero

Qué fácil es olvidarme.
Y qué difícil entenderme.
Comprendo que prefieras lo primero.
A veces sueño que te armas de valor,
y que vuelves a mí por fin.
Luego me despierto y suspiro,
porque para mí no es tan fácil olvidarte.

CAPÍTULO 2

LO QUE YO DEJÉ

CARTA A QUIEN SE VA:

Cómo despedirte diciendo hola

Me mira bajo el sol levantino guiñando un ojo. Un ojo verde, como los bosques de su tierra. Me sonríe, la comisura izquierda curvada hacia el cielo y una mirada que lo dice todo, que me pide perdón y me da las gracias. Una sonrisa que pretende ser un hola casual pero no es más que la carrerilla para el último adiós. Clava su pupila en la mía, y yo sonrío de vuelta. Pero estoy triste. Me pregunto si él también lo está, si sonríe por no entristecerme más, como yo hago con él. Vivimos en una bola de cristal, en el ojo del huracán. Solo me dan ganas de besarle, de tocarle, de escuchar cada palabra, cada suspiro, cada respiración, incluso las que él mismo ignora. Quiero hacerlo todo con él ahora que sé que se acaba, ahora que sé que no tendré ninguna oportunidad más. Qué irónico tener por fin todo lo que siempre has deseado a unos días de perderlo. Le querré para siempre, aunque solo le tenga hasta el domingo.

Y te escribiría,
en esta noche en las que
todos duermen...
Te escribiría palabras de amor
disfrazadas de locura,
palabras embriagadas
de recuerdos sin cordura,
intentos fallidos por saber
de tu figura y tantos tantos versos
que se pierden en chats muertos.
Pero no puedo...
No puedo porque ardes, quemas,
Consumes.

Y ya huelo las cenizas.

Ojalá estallar y que no haya consecuencias.
Ojalá gritar y que no lo oiga nadie.
Ojalá resbalarme entre tus imperfecciones,
que son lo que te hace más perfecto.
Ojalá que te mojes, de una vez por todas,
ojalá que entres en calor a mi lado.
Tantos ojalás, tanto que hacer,
falta tiempo y falta valentía.
Como las olas volveremos a romper
y podré decirte que yo ya lo sabía.

¿Almas gemelas?
Sí.
¿Para siempre?
Sí.
¿Juntas?
No necesariamente.

Somos tóxicos creo, yo más que tú.
Pero es que tú...
Alimentas tu propio veneno.
Afilas el puñal de tu espalda.
Eres la gasolina a mi fuego,
los nubarrones de mi tormenta,
la madera de mi astilla,
las balas de mi pistola.
Al final, ¿quién es culpable?
Quiero disparar, y tú eres el gatillo.

Ni antes del amanecer,
Ni antes del atardecer,
Ni antes del anochecer,
Ni antes de nada.
Yo vivo en el ahora.
Ni en el antes, ni en el después.
Y tú no estás en el ahora.
No puedo dejar que el antes me persiga,
porque si me atrapa
ya nunca habrá un después
y el ahora no habrá servido para nada.
Tú no estás en el ahora.

Corto y dulce,
incapaz de repetirse.
Te leo en esa historia
en la que apareces sin quererlo,
con tu tinta, sin saberlo.
Y cuando la brisa me roza,
pienso en ti.
En lo que te gusta el otoño,
en el crujir de cada hoja.
Cuando llueve y el suelo se moja,
pienso en tu voz, en tu calma,
pienso en ti y en tu paraguas,
en lo que transmites con tu alma.
Eres paz... eres arte.
Qué suerte he tenido de poder besarte.

Si cierro los ojos muy fuerte
estoy entre tus sábanas,
y maldigo mi suerte
cuando me agarras y susurras
lo mucho que me has echado de menos.
Tarareas una canción desde la ventana,
y entre calada y calada me regalas una sonrisa
tímida, desnuda,
como yo entre tus sábanas
bajo la luz de una farola callejera.
Hay ruido fuera porque es viernes
pero aún así te tumbas sobre mí
y te duermes. Y te huelo, y te espero.
Pero abro los ojos y ya es enero.
Un poco tarde para decir "te quiero".

Amor de fin de semana
de domingo por la mañana
Amor de conveniencia
y de poca paciencia
Amor que ya no es amor
Amor que lo fue para dejar de serlo
no vale el verlo para creerlo
una vez visto me desvisto
y lo pierdo, y me pierdo
y tú ganas, siempre ganas
con tu amor de fin de semana.
de lunes a viernes de nuevo el vacío,
de lunes a viernes hace frío
y busco en ti el calor
lo confundo con amor
de cuarenta y ocho horas
de tiempo perdido, amor fingido,
pájaro herido que vuelve a su nido.
y quiero volar, amar de verdad,
conocer, desconocer, enamorarme sin querer,
dárselo todo a mi todo
y ser correspondida,
nunca más un ave herida.

Me persiguen las guitarras,
me persiguen y me agarras
y me besas y te beso
y tu voz que se desgarra
pide más que eso.
Con la mano me acaricias una curva
de cadera, o de madera, de guitarra.
De canción desafinada que se cuela
en las ventanas y en los sueños
de gente con poca suerte y mucho arte.
Y por no abusar de mi locura
mañana me despertaré temprano,
y en vez de lamentarme,
me aferraré a la cordura
y te escribiré tarde.
Buscaré más, por mi adicción a la dulzura,
a lo romántico y lo trágico.
(Me gustaría, en tu vida de muggle,
ser algo mágico).

Siete días nos besamos,
y bebimos y fumamos,
y cuando nos desnudamos
se acabó el verano.
Sin tu cuerpo llegó el frío,
(sabes que no me basta solo con el mío)
y aunque sé que te desespera
que te robe el calor,
soy irremediablemente nevera.

Siete días a flor de piel,
siete días de labios de miel, y yo de abeja.
Siete días de lágrimas y gemidos.
Siete noches y cinco sentidos,
veinticuatro siete.
Yo la niña y tú el juguete,
Yo la luna llena y tú los aullidos,
y ahora que sale el sol, octavo día,
de nuevo dos desconocidos.

En Malta me he tomado 2 cafés.
Uno con leche de soja y otro con leche
de arroz. El segundo descafeinado.
En algún momento de mi vida me dio tremenda migraña
por abusar del café
y a día de hoy voy pisando huevos
cuando pienso que estoy tomando demasiado.
A veces pasa y queda la mente traumatizada, el cuerpo se
recupera
pero el miedo se queda.
Y creamos nuevos hábitos, o nuevos vicios.
Y no, ya no hablo del café.

Hoy me he quitado el pintaúñas
de los dedos de los pies,
era un rosa imperceptible,
pero un color que tus ojos vieron,
el último color que vieron
en mis pies sobre la cama
que se hacía y deshacía
más de noche que de día.
Y mis pies temblorosos, a cada espasmo:
¡rosa, rosa!
ya no existe ese color,
ahora mis uñas están desnudas
pero yo no.
Ahora tú no me miras
pero yo las miro a ellas.
Y algo que compartíamos
ya no está.
Tú tampoco,
pero todo sigue igual.
Y las uñas de los dedos de los pies
me las volveré a pintar.

Estoy fumando en mi habitación.
Ni siquiera estoy cerca de la ventana.
Supongo que este es el tipo de cosas
que una hace cuando todo
deja de tener sentido.
Si no puedo estar contigo
en mis condiciones,
si el mundo me obliga a sucumbir
a sus limitaciones,
entonces fumaré en mi habitación.
Y estaré sin ti, sí, pero en mis condiciones.

Qué fácil es la vida
(y decir cosas) al revés.
"Ojalá te vayas y así
no tendré que conocerte más".
No te besaré en un portal,
ni te dejaré ganar.
No te cantaré con mi hilo de voz
con dedos frágiles sobre un cuerpo extraño,
que no es el tuyo, que es de madera,
pero podría serlo, si yo quisiera.
Dijiste "quiero ver a qué sabe tu olvido",
yo ya lo he probado y ni siquiera me he ido.
Me ahorro la noche y me ahorro el daño
quedo satisfecha con pasar al baño
y mirarlo todo, y mirarte a ti.
Y no me hace falta más.
O quizás hablo en negativo,
pero eso nunca lo sabrás.

No encontré el banco donde me senté
a escribirte hace ya 3 años.
Tampoco lo busqué.
Quizás si lo hubiera hecho me habría encontrado
a esa chica sentada aún
en el mismo banco, queriéndote desde lejos,
con la mirada perdida en el horizonte
con la loca esperanza de encontrarse
con tu mirada al otro lado del océano.
Quizás es mejor que esa chica
se quede ahí, y para siempre.
Cuando te tengo cerca me dueles más.
La ola estalla y me salpica en la cara.
La arena se me mete en todas partes.
Me molesta.
Pero desde mi banco, admirándote,
nada puede hacerme daño.
Si me dejas quererte desde lejos… sí,
seguramente aguantaré otro año.

Nunca te gustaron mis tatuajes,
estarán conmigo
hasta el día en que me muera.
Y yo pretendía aceptar
que odiases algo de mí
hasta el día en que me muera.

Vas a ser recuerdo mucho más tiempo de lo que fuiste amor. Serás llanto más largo que tus abrazos. Serás lamento durante mucho más tiempo que nuestras siestas. Ya lo estás siendo y ni siquiera lo sabes. Me dueles igual que me haces feliz. No puedes ser el amor de mi vida si antes fuiste mi peor pesadilla, mi mayor confusión, mi único tema de conversación en terapia. Ahora me haces feliz, lo sabes, te quiero más que a nada en el mundo, pero los recuerdos me persiguen, los siento a cada segundo, los miedos que tú mismo me creaste, pero solo tú sabes calmar. Soy esclava de ti pero a propia voluntad. Cada decisión la he tomado a tus pies arrodillada, cada uno de tus errores he ignorado y pedido perdón, pretendiendo ser mi mejor versión no he sido más que la versión que tú querías que yo fuese para ti. Pero nunca me viste, solo me desvestiste para luego arrepentirte y alegar que nunca quisiste faltarme el respeto y que eres un hombre de honor.

Si me amas hazlo, hazlo todo, quítame cada prenda y mírame con locura como si fuese nuestro último día juntos. Si me respetas, quiéreme, entera, no a trozos. No me hagas dudar de mi valor, de mi amor, ¿soy suficiente? Has jugado con mi mente durante años. No sé si soy tan fuerte… como para tirarlo todo a la basura, pero cuando me pongo a pensar me doy cuenta de que lo que he construido ni siquiera es mío, no es lo que quiero, TÚ me hiciste creer que sí, pero toda nuestra relación ha sido MI trabajo, MI regalo para ti. ¿Y yo qué recibo a cambio? ¡Horas y horas amándote, tratando de arreglar mis sentimientos, como si hubiese algún tipo de error en ellos! Pero el único error fuiste tú.

A veces me gustaría ser la débil,
poder escribirte,
excusarme en sentimientos,
remediar así mis lamentos.
Pero soy la fuerte,
la que aguanta tus deslices,
Y renueva cicatrices.
Mi fortaleza es ser tu debilidad.

Sé que te voy a echar de menos,
Cada día, lo sé.
Somos esa ola del océano
que navega sola
buscando una marea,
que espera llegar a la orilla
sin saber que ese será su fin.
Creo que desde el principio ya sabíamos
que lo nuestro no era más que un final.
Pero siempre nos gustó disfrutar del viaje.

No te echo de menos,
porque nunca me di cuenta de que lo que teníamos
era algo que uno pudiese recordar con nostalgia.
Meros recuerdos de una infancia en las nubes,
viviendo sueños y soñando realidades.

Siento que soy el primer paso antes de su felicidad.
Soy el muro contra el que se golpea la cabeza.
Soy las manos que calientan su corazón,
soy las vendas que envuelven sus llagas,
soy la medicina que le mantiene a raya.
Pero sé que no soy causa última ni final.
Soy lección, afición, una chica del montón.
Soy sorpresa y luz, pero nunca remanso de paz.
Soy carbón que se consume en su llama.
La ceniza que volará
con la brisa del verano.
Soy lo que le hace humano.
Soy error. Pero soy amor.
Qué duelo tan largo, qué sabor amargo...
Resbalo por tu piel laberíntica buscando una salida
y me guías hasta el centro sin posibilidad de huída.
Yo me esfuerzo, no lo fuerzo, quisiera vivir en tu mapa.
Encuéntrame, cuídame, piérdete conmigo.
Pero no de me dejes sola, a tu bola,
no seas testigo, sé cómplice.

A veces,
aunque sabes que estás bien,
que lo estás haciendo lo mejor que puedes,
a veces, sientes que te mueres.
Y no pasa nada.
Aunque pase todo.
No pasa nada.
Y si pasa, ya pasará.

No sé si aún me piensas,
solo sé que estoy perdida.
Que me pierdo entre tus frases,
cuando me besas,
cuando me miras.
Cuando te imagino a oscuras,
cuando te busco de día.
Cuando despierto y no estás.
Y, a menudo, eso es siempre.
Solo sé que estoy perdida.
Si te lo pidiese,
¿tú me encontrarías?

Quiero que dejes de hablarme
pero no quiero dejar de hablar contigo.

No sé ni cómo, ni cuándo, ni por qué,
pero deseé que fueras tú y no él.
Ladrón que se marcha con besos
que en realidad son tuyos.

CAPÍTULO 3

LO QUE AHORA QUEDA

CARTA A QUIEN SE QUEDA:

Este libro es, en gran parte, para ti. Para quien no cerró la puerta, para quien sostuvo la mirada, para quien eligió quedarse cuando lo más fácil era marcharse. Porque cuando alguien se va, se lleva una parte de nosotros. Pero cuando alguien se queda, nos deja una parte suya, la mejor. Y esa parte —la que permanece, la que resiste, la que cuida— es la que sostiene al mundo. Lo que queda después de una partida no es solo dolor: es semilla. Es el material con el que construimos memoria, sentido y arte. Lo que florece es poesía. Es lo que nos acompaña cuando ya no queda nadie. Así que gracias. Por quedarte. Y recuerda que hacerlo no significa quedarse quieto, sino sostener todo lo que tiembla.

Ese tren que perdí, ese tren que se fue sin mí, dejó sus raíles anclados a la tierra por si algún día yo le quería seguir o por si él quería volver, volverme a ver. Aún no lo ha hecho, y el tren ya está lejos parando en nuevas estaciones, mientras tanto yo cruzo sus vías todos los días. La huella que dejó ese tren no hace más que recordarme lo lejos que está, la decisión que tomó de marcharse, de olvidarse de mí, su primera estación. No habría sido así si yo hubiese decidido ser vagón y no estación. Pero estoy hecha para quedarme, estoy hecha para alguien que se quede. Siempre seré estación y no vagón. Quedan en mi recuerdo todos los trenes que un día se interesaron por este pequeño y curioso lugar, yo. Algún día sabotearé la vía y no habrá estación por la que pasar, no seré un lugar de paso sino de reposo. No seré una parada rápida, seré la llegada final, no pasarán por mí de camino a otro sitio sino que cuando lleguen apagarán motores y venderán el tren por piezas para comprar otras nuevas, de colores, y construir un hogar. No hará falta estación, estaremos donde siempre quisimos estar.

Te diré que estoy bien.
Que todo va como siempre.
Pero he sacado las llaves de casa
para entrar al metro.

Me pregunto qué tratas de esconder,
me pregunto si tú también crees que
lo nuestro es una tontería sin más.
Lo curioso es que aunque me dijeras que sí,
sé que seguiríamos juntos.
Somos la tontería más grande.
Pero por lo menos somos.
Y eso es mejor que no ser nada.

¿Qué voy a hacer contigo?
–Si ya eres parte de mí–
Casi sin quererlo...
¿Cómo hemos dejado que esto ocurra?
¿(Casi) sin quererlo?
Entonces, ¿queríamos?
Entonces, ¿nos queríamos?
Yo querría creer que sí...
Pero no sabría quererte, creo.
Pero sí que quiero...
Intentarlo, digo.

Yo no me enamoro del árbol,
sino del tronco,
cada hoja y cada rama.
Me enamoro de ti,
de tu sonrisa y de tu mirada,
de tu dulce respirar cada madrugada,
mi pijama favorito a los pies de tu cama.
No me enamoro de las flores,
sino de sus pétalos, sus colores.
El mar es bello por sus peces
por su fauna y sus corales.
Cada cosa es única
gracias a todos sus detalles.
Cuando cantas a pleno pulmón
a solas en tu habitación,
cuando alargas la ducha porque
se siente bien el calor,
cuando lloras por amor,
cuando ignoras el dolor
y decides seguir luchando,
cuando te preguntas "¿hasta cuándo?"
Cuando encuentras algo que
no sabías ni que estabas buscando,
cuando suena tu canción favorita
y acabas en el salón bailando.

Todas esas cosas las hacemos sin querer,
porque son parte de nosotros;
Lo que nos sale del alma,
como cuando me da por contar
los lunares de tu espalda,
o llevarte a todos los bares del mundo,
notar tu mano bajo mi falda y
que me beses a cada segundo,
irnos de viaje todos los meses,
hacerle una foto a cada paisaje,
que tus caricias queden como tatuajes
en mi piel, y en mi pupila clavada
tu mirada de miel.
Todo me sale del corazón,
nunca lo pienso,
siempre lo siento,
arrinconada en un callejón,
doy mi primera respuesta,
sin mentiras ni complicaciones
siempre estoy dispuesta
a darte todas las explicaciones
para que te des cuenta
de que la belleza aumenta
cuando no existen intenciones.
Ojalá que cuando se enamoren de ti
no tengas que buscar razones.

Me consumes tanto
que a veces olvido quién soy.
Me da igual saberlo.
Me da igual ser.
Ojalá no ser.
Pero no ser contigo.

A ti te gustan más los perros,
a mí los gatos.
A ti el café,
y a mí el té.
Tiene sentido, pues,
que a mí me gustes tú,
y a ti te guste yo.

¿Cómo eres tan perfecto?
Cuento todos tus defectos con los dedos de las manos
y se me olvidan cuando recuerdo que estas manos
te han tocado.
Manos que han tocado tus labios,
labios que han besado los míos,
que han pronunciado palabras que cautivan,
que motivan, que emocionan, labios que succionan
enmarcados entre piernas, y sonríen,
y me sonríen mientras suspiro, y te miro, con mis ojos a
los tuyos,
oscuros, profundos, reales,
como nuestros planes juntos,
como los viajes que haremos,
y todas las noches que pasaremos.
Eres perfecto.
Cuando me dices que no,
cuando me alzas la voz,
cuando pierdes la razón y pides perdón.
Cuando eliges ser mejor,
cuando eres tú mismo,
cuando renuncias al egoísmo
y te abres al amor,
aunque no lo hagas al instante,
ya es bastante, no pido un milagro...
pero siempre me has parecido algo divino.

Eres mi camino,
a veces de piedras y a veces de asfalto,
eres las alas que me permiten volar alto,
eres la pasión que comparto
con estas manos, con estos labios,
con estos ojos, que te buscan
y te encuentran en cada interacción,
que son míos y te pertenecen,
que solo existen en mí pero
están en todo el mundo para ti,
que siguen su propio rumbo,
un rumbo que me dirige a ti.
A tu yo más perfecto, al único que conozco,
al único que quiero seguir conociendo,
del que seguiré aprendiendo,
y al que seguiré queriendo.

Litros y litros de café,
porque si sueño, te veré.
No quiero quererte a medias,
en un mundo no real.
No quiero que nos quedemos
solo en lo superficial.

Sé que es típico,
pero todas las canciones tristes me recuerdan a ti.
Y cuando te pienso...
Tienes esa banda sonora con la que quiero llorar...
y reír,
y quiero soñar.
Quiero que me beses sin parar.
Rimas cutres para un sentimiento tan indescriptible.
Sé que el arte no tiene límites,
pero cariño, nosotros tampoco.

Creo que nos buscamos,
mutuamente, constantemente.
Creo que lo haremos hasta encontrarnos.
Y actuaremos sorprendidos,
porque nos podrá el orgullo, y es normal.
Pero me contentaré con acostarme
entre tus brazos, y quizás,
al final de la noche,
admitiré que te busqué.
Y callarás con tus labios de seda
mis palabras de lija,
y no tendremos que admitir nada más,
Porque lo que yo hice tú también lo hiciste.
Y solo hará falta reconocerte
como parte de mí.
Porque siempre lo fuiste,
y ambos lo sabíamos.

Complicaciones,
y muchas canciones.
¿Y por qué hablarnos
si lo que queremos es tocarnos?
¿Y por qué olvidarte
si lo que quiero yo es besarte?
Tengo miedo.
Tengo mucho miedo.
No quiero querer quererte.
No quiero acabar herida.
No quiero embarcarme
en una misión suicida.
No quiero atascarme
en una eterna caída.
Espero que no sea demasiado tarde,
siempre has sabido que soy un poquito...
cobarde.

Siempre poeta.
Nunca musa.
*(Siempre ilusa).

Cuando me preguntan qué siento por ti
nunca sé qué decir.
Siento que quiero dejarlo todo y seguirte,
me siento fanática, obsesiva,
histérica, posesiva.
Quiero no perderte nunca,
guardarte en un bolsillo,
enseñarte a todo el mundo
con orgullo,
y cuidarte, mimarte,
para que grites "sí, soy tuyo".

Contigo no existen estereotipos,
contigo ni me miro en el espejo.
Hablamos tanto que vivimos en el aire,
porque cierro los ojos y te reconozco
por cómo piensas y por cómo sientes.
Porque aunque me encantaría desgastarte con el tacto,
somos más que eso.
Puedo tocarte con mi sarcasmo,
mientras me acaricias con tus bromas,
bésame riendo,
me quejo entre tus brazos,
un poema entre mis piernas,
y tantas canciones en tu espalda.
Tócame hablando.

Está oscuro y me quito las medias
está oscuro y me abro de piernas,
y te siento tan cerca,
y te huelo de lejos,
y me tocas, o me toco,
y se me escapan los complejos.
Está oscuro y es de madrugada
tengo abierta la ventana
pero no se oye nada,
en un momento el viento
traerá la misma brisa que te ha rozado.
nunca un lejos se sintió tan cercano,
y un adiós como el comienzo del verano.

Siempre he querido ser como el mar,
como el océano,
con un único y fijo propósito.
aun en la orilla o en alta mar,
las olas se dirigen siempre a tierra.
se desvían en la tormenta
suben y bajan con la marea,
pero siempre siguen la misma dirección,
saben a dónde van.
se lo chiva la luna,
tan romántica,
tan oportuna.
las olas sienten atracción.
igual que yo por ti.
pero yo no sé a dónde voy.

Soy marinera en popa durante el temporal,
soy náufrago, y mortal,
soy buceadora sin aire en la bombona
admirando el coral
mientras se inundan sus pulmones
de agua con sal,
soy brújula rota,
radar sin pantalla,
primera línea en la batalla,
soy mástil de madera antigua
en la tormenta, vela de seda,
remo de alambre,
soy el hambre insaciable
tras un día de playa,
soy la muralla
de tu castillo de arena,
soy la pena que sientes al marcharte,
el deseo inútil de volver a besarte
como besa el mar.
una sola dirección,
toda su vida, con todas sus fuerzas,
con brazos abiertos
y sin miedo al rechazo.

Ola tras ola,
día tras día,
incansable,
estable en su inestabilidad,
constante en su objetivo.
quiero ser tu océano,
quiero ser tu certeza,
y cuando pruebes de mi agua
quiero que te tires de cabeza.

Cuando la realidad
se me escapa de las manos,
Cuando nuestra verdad
se me resbala entre los dedos,
Cuando me doy cuenta de que
no me acuerdo del color de tu tacto,
del olor de tus palabras,
ni del sonido de tu mirada...
Entonces ¿qué?
Entonces me escribes y
ya no recuerdo nada de nada.

Me gustaría ser prolífica
sin el corazón hecho trizas.
Creo que cada verso que escribo
es un pedazo recogido del suelo,
y lo voy recomponiendo poco a poco.
Y un día deja de doler y vuelve a latir.
Ese día dejo de escribir poemas
y empiezo a leerlos, y a disfrutarlos.

AGRADECIMIENTOS

A mí misma, lo primero. Porque nadie me ha obligado a escribir esto, porque lo he hecho con el corazón. A Dios lo segundo, porque existe la poesía y las palabras bonitas. Y a Jack, siempre a Jack. A mi familia: Eduardo, Cristina, Natalia y los demás. A mi padre Leo y a mi madre Josefina. A la familia de mi futuro marido. A mis amigos de Kalipo: Ana (y Luís), Jose, Paula, María, Josep, Moni, Alex, Nuria, Marta e Ignacio. A mis amigas de Alfons: Loreto, Blanca, María, Ale, Nuria (y Jose). A Piju. A Olympe. A Mia y a Ari. A mis profesoras del colegio, María Jesús y Ana. A mi profesor de la Universidad Geoffrey. A mis compañeros de trabajo que soportan mis e-mails bíblicos cada día. A todos los que alguna vez se rieron de mis poemas por ser "cursis". A todas las personas que me han roto el corazón, porque este libro no existiría sin ellas. A los que aún no entienden la poesía, con la esperanza de que alguno de estos versos les ayude a hacerlo. A todos los que hacen que ser yo misma sea fácil cuando estamos juntos. Y por supuesto, a todos los que me animan a seguir escribiendo... aquí estoy, no paro. Gracias.

ÍNDICE